tudo é história

140

Roberto Catelli Jr.

BRASIL: DO CAFÉ
À INDÚSTRIA

Transição para o
trabalho livre

editora brasiliense

Copyright © by Roberto Catelli Jr.

Nenhuma parte desta publicação pode ser gravada, armazenada em sistemas eletrônicos, fotocopiada, reproduzida por meios mecânicos ou outros quaisquer sem autorização prévia do editor.

ISBN: 85-11-02140-X
Primeira edição, 1992
1ª reimpressão, 2004

Preparação de originais: Beatriz Goulart
Revisão: Esther Nejm e Carmem T. S. Costa
Capa: Qu4tro Design / Claudio Ferlauto e Valéria Torres

**Dados Internacionais de Catalogação na Publicação (CIP)
(Câmara Brasileira do Livro, SP, Brasil)**

Catelli Junior, Roberto
  Brasil: do café à indústria : transição para o trabalho livre / Roberto Catelli Jr. – São Paulo : Brasiliense, 2004.
  – (Tudo é história ; 140).

  1ª reimpr. da 1. ed. de 1992.
  ISBN 85-11-02140-X

  1. Cafeicultura - Brasil 2. Industrialização - Brasil
  3. Trabalho e classes trabalhadoras - Brasil - História
  I. Título. II. Série.

04-2835   CDD-331.11720981

Índices para catálogo sistemático:
1. Brasil : Trabalho livre : Economia : História
   331.11720981

editora brasiliense s.a.
Rua Airi, 22 - Tatuapé - CEP 03310-010 - São Paulo - SP
Fone/Fax: (0xx11) 6198-1488
E-mail: brasilienseedit@uol.com.br
www.editorabrasiliense.com.br

livraria brasiliense s.a.
Rua Emília Marengo, 216 - Tatuapé - CEP 03336-000 - São Paulo - SP
Fone/Fax (0xx11) 6675-0188

SUMÁRIO

Introdução 7
O desenvolvimento da economia cafeeira e as primeiras experiências com o trabalho livre 12
São Paulo como o móvel da transição para o trabalho livre 27
Do café à indústria: a consolidação de um mercado de trabalho livre no Brasil 41
Conclusões 61
Indicações para leitura 64

A meus pais
A Eliana

INTRODUÇÃO

Quando se fala em transição para o trabalho livre no Brasil logo se busca uma definição ideal que explique esse discutido fenômeno. Mas ao examinar a documentação e a história dos diversos complexos regionais brasileiros, percebemos que essa é uma tarefa impossível, capaz de levar ao engano de interpretar a parte pelo todo.

É muito difícil comparar, por exemplo, a transição para o trabalho livre no Rio Grande do Sul, no Ceará e em São Paulo. No primeiro caso o escravismo nem chegou a se caracterizar como uma relação fundamental de trabalho; no segundo, esta estendeu-se até o limite e, no processo de transição para o trabalho livre, incluiu o imigrante. No caso do Ceará, o trabalho escravo já vinha gradualmente perdendo importância com a decadência da cana-de-açúcar no mercado internacional; aos poucos o escravo foi dando lugar à figura do agregado, trabalhador livre que vivia na dependência do coronel.

Assim, não há *uma* transição para o trabalho livre no Brasil, mas *transições* para o trabalho livre. É preciso estudar nossa história considerando a diversidade e as diferentes temporalidades que compõem o cenário brasileiro para não cometermos o erro de muitos historiadores, que vêem a transição para o trabalho livre no Brasil simplesmente como o processo imigratório da Europa destinado a fornecer novos trabalhadores à cafeicultura paulista.

Por outro lado, tampouco podemos pensar o Brasil de então como um vaso quebrado. Por trás das diferenças regionais esconde-se sempre um sentido de unidade nacional, que se expressa tanto nas relações econômicas como nas relações com o governo central.

Na transição para o trabalho livre no Brasil há esse sentido nacional, claramente visível nas decisões e negociações políticas. Em 1850, depois da abolição do tráfico negreiro, tornou-se fundamental encontrar uma maneira de suprir a nação de braços. No entanto, isso não era igualmente válido para todos. Os mineiros contavam com um grande estoque interno de escravos; a produção nordestina de açúcar já dava sinais de decadência, por isso não tinha necessidade de novos braços; o Rio Grande do Sul e Santa Catarina jamais apoiaram suas economias no trabalho escravo, etc. Os paulistas enfrentavam uma situação mais complicada. Sua produção de café crescia; ao mesmo tempo, o escravismo tornara-se inviável. Para São Paulo a única solução possível foi buscar alternativas para o trabalho escravo, substituindo-o por

Brasil: Do Café à Indústria

trabalhadores que mantivessem as características do escravo: trabalhadores baratos e financiados a crédito.

Nesse contexto, a solução encontrada pelos paulistas, logo depois da abolição do tráfico negreiro, foi o tráfico interprovincial de escravos, ou seja, a compra de escravos de outras províncias, principalmente do nordeste. E é exatamente aqui que voltamos ao problema da unidade: as necessidades da cafeicultura significavam um ônus também para as outras províncias. São Paulo começa a absorver escravos de outras regiões, que começam a temer a possibilidade de falta de mão-de-obra e a antever esvaziamentos regionais. Em pouco tempo o tráfico interprovincial de escravos começa a tornar-se inviável politicamente. Além disso, os paulistas começam a sentir-se amedrontados com o fato de serem a maior — e quase única — província escravista do Império: não querem carregar esse ônus político.

Nesse ponto os paulistas optam por acolher trabalhadores europeus imigrantes, ocasionando outra discussão política de caráter nacional: os paulistas queriam que o Estado financiasse a imigração — que essa fosse subsidiada —, mas as outras províncias não aceitavam pagar pelo desenvolvimento da lavoura paulista. Eis, novamente, o país diante do impasse.

Vemos, assim, claramente, que embora haja especificidades regionais há também um processo nacional de discussão e negociação para o trabalho livre. Não é um processo nacional homogêneo: a tônica recai sobre São Paulo, sobre a cafeicultura. Só que esta tem também um sentido nacional forte, pois quando São Paulo faz a opção — não vendo outra alternativa — pelo trabalhador imigrante, evita os desequilíbrios regionais de suprimento de mão-de-obra e possibilita a transição para o trabalho livre nas outras regiões, cada uma à sua maneira.

De 1880 em diante São Paulo passa a ser o motor da economia nacional, importando um sem-número de trabalhadores imigrantes por ano. Começa a gestar-se aí um grande complexo cafeeiro, que ultrapassa as funções estritas da agricultura. Dentre os cafeicultores emergem aqueles que se tornarão banqueiros, importadores, comerciantes, ocupantes de postos públicos, etc. Forma-se, a partir do café, todo um complexo de relações que nos permite compreender o processo de industrialização no Brasil. Para que a transição para o trabalho livre no país se efetivasse foi preciso entender a diversidade regional e, ao mesmo tempo, entender que São Paulo dá a tônica no processo de transição para o trabalho livre no Brasil.

A partir do capital gerado pelo complexo cafeeiro formam-se grupos capazes de fomentar a indústria; por outro lado, as questões levantadas pelas crises bastante freqüentes na condução do fluxo imigratório — queixas de trabalhadores, problemas consulares, etc. — imprimiram um ritmo à transição para o trabalho livre. Mais do que isso, essas questões ergueram os pilares para a legislação trabalhista nacional de 1930.

Mundo urbano e mundo rural juntam-se num só; não há uma diferenciação clara entre o que será o capital cafeeiro e o que será o capital industrial num determinado período. Um gera o outro e tem os mesmo limites no que se refere a divisão internacional do trabalho. As condições econômicas, políticas e sociais geradas pela cafeicultura é que irão viabilizar a indústria; no seu bojo, esse processo trará uma forma específica de transição para o trabalho livre (a paulista), mas ao mesmo tempo há de impor uma legislação trabalhista a toda a nação, que a partir daí tenderá a ficar mais homogênea, na medida em que todos os trabalhadores serão encarados como mercadorias disponíveis no mercado, não como instrumentos de trabalho necessários à lavoura.

Estudar a diversidade das transições para o trabalho livre no Brasil centrando nossa atenção no processo conduzido pelos paulistas ao realizar a transição para o trabalho livre, englobando café e indústria numa só história, é o que queremos nas páginas que se seguem.

O DESENVOLVIMENTO DA ECONOMIA CAFEEIRA E AS PRIMEIRAS EXPERIÊNCIAS COM O TRABALHO LIVRE

No século XVIII brasileiro, nas zonas açucareiras e auríferas de produção, ou seja, no nordeste e em Minas Gerais, predominava o trabalho escravo. As demais regiões brasileiras utilizavam o braço escravo, mas não em grande escala.

O Rio Grande do Sul e Santa Catarina dedicavam-se à pecuária e à economia de subsistência, não tendo jamais necessitado abundância de mão-de-obra escrava. Muitos produtores e negociantes de São Paulo e do Rio de Janeiro, por sua vez, passaram, no século XVIII, a realizar seus empreendimentos na região das "minas", abandonando os negócios de suas províncias.

Brasil: Do Café à Indústria

No século XVIII a província de São Paulo esvaziou-se a ponto de perder sua autonomia, sendo anexada à província do Rio de Janeiro em 1748.

No final do século XVIII o ouro deixa de ser um investimento atrativo; nesse momento a cafeicultura passa a ter importância cada vez maior. A grande soma de capitais acumulados com a exploração do ouro permitiu que muitas famílias retornassem a suas regiões de origem e passassem a investir em plantações de café. Isso aconteceu primeiro no Rio de Janeiro e em seguida na província de São Paulo.

A primeira cidade produtora de café no centro-sul brasileiro, segundo a historiadora Maria Celina Whately, foi Resende, no Rio de Janeiro. Essa produção teve início depois que o padre da cidade chegou de viagem com as sementes da planta. Contudo, nesse momento o cultivo limitava-se a pequenas plantações em chácaras. Pode-se afirmar com segurança que em 1802 o café já estava sendo produzido em Resende.

A partir daí o café foi se disseminando por outras vilas do Rio de Janeiro: Vassouras, São João do Príncipe, Valença, Canta Galo... Sendo o café uma economia de fronteira — ou seja, que precisa sempre de terras novas para seu cultivo —, em pouco tempo ele chegou à província de São Paulo.

O café chegou primeiro a São Paulo por Ubatuba, indo daí para Areias, Bananal e São Luís de Paraitinga. Posteriormente seu cultivo ocupou todo o vale do Paraíba. Antes da década de 1840, no entanto, a produção de café na província de São Paulo teve dimensões reduzidas, pois nesse período ainda predominava a produção de cana-de-açúcar.

A economia açucareira na província de São Paulo foi uma solução encontrada no final do século XVIII para relançar a economia paulista — após o declínio do ouro mineiro —, no entanto ela nunca chegou a consolidar-se como grande atividade exportadora. O açúcar paulista nunca atingiu grandes cifras de produção; por outro lado, ele nunca teve aceitação efetiva no mercado internacional. Era de qualidade inferior e deteriorava-se nas precárias estradas paulistas. O porto de Santos era visto como um eixo econômico deslocado do centro de trocas comerciais. Quem quisesse podia ir lá buscar o açúcar, mas não havia um mercado consumidor regional capaz de comprar os produtos de importação. A produção de açúcar na província de São Paulo jamais ultrapassou 2,5% do total produzido no Império.

Baseada no trabalho escravo e na grande propriedade rural, a partir da década de 1840 a produção de café ultrapassa a produção do açúcar e, desde então, nunca seria inferior.

No entanto, no mesmo momento em que o café ia se consolidando no centro-sul como atividade econômica mais importante do Império, o tráfico negreiro e a escravidão tornavam-se cada vez mais insustentáveis no cenário político internacional. Em 1831, quando a cafeicultura carioca já atinge grandes cifras de exportação e a província de São Paulo vai ampliando o latifúndio es-

Brasil: Do Café à Indústria

cravista cafeicultor, efetiva-se o acordo que poria fim ao tráfico negreiro. Torna-se imperioso encontrar formas alternativas de obtenção de mão-de-obra.

Porém ainda não chegou o momento de optar pela alternativa do trabalho livre. Mesmo havendo no governo central estadistas como José Bonifácio, Vergueiro e Diogo Antônio Feijó, que defendiam a implementação gradual do trabalho livre, não havia consenso quanto a isso nem era essa a perspectiva dos fazendeiros.

Mesmo sendo proibido o comércio de escravos, o africano continuava a chegar à lavoura paulista, entre 1831 e 1850, pela via do contrabando. David Eltis mostra que de 1831 a 1835 chegaram ao porto do Rio de Janeiro 57.800 africanos; de 1836 a 1840, 202.800; de 1841 a 1845, 90.800; e entre 1846 e 1850, 208.900. É impossível calcular quantos deles foram destinados à lavoura cafeeira, mas pode-se afirmar que essa economia não teria podido expandir-se sem o segmento do tráfico negreiro.

A partir de 1845, com a promulgação da Bill Aberdeen na Inglaterra, que determinava o aprisionamento dos navios negreiros encontrados pela frota inglesa, a pressão sobre o Brasil para a abolição do tráfico de escravos torna-se quase insuportável. Em 1848 o governo começa a sinalizar aos fazendeiros a inevitabilidade do fim do tráfico. Inicia-se um processo de negociação entre o Estado e os fazendeiros com a finalidade de compensar o fim do tráfico, já ilegal e sob fortíssima pressão inglesa.

Em 1850, quando ocorre a extinção do tráfico negreiro, como aponta o historiador Luiz Felipe de Alencastro, já estão definidos os termos da negociação: o governo iria promover a imigração e construir estradas de ferro; além disso, seria votada a Lei de Terras. Ou seja, no lugar do braço escravo seria proporcionado aos fazendeiros: trabalhadores novos e facilidade nos transportes; ao mesmo tempo, o trabalhador seria impedido de ter acesso à terra, na medida que a Lei de Terras concederia aos fazendeiros títulos de propriedade — até então inexistentes. O proprietário de terras faria uma descrição dos limites de sua propriedade, que seria então registrada num livro de Registro de Terras arquivado na Câmara Municipal. Assim, ninguém poderia ocupar terras sem comprá-las ou sem uma concessão do Estado. As terras devolutas (sem dono) pertenciam ao Estado e só este poderia arbitrar sobre elas. Com isso o homem livre, pobre ou imigrante, via-se obrigado a vender sua força de trabalho numa fazenda sempre que não tivesse recursos para comprar uma propriedade.

A partir desse momento o imigrante passa a ser visto como um substituto efetivo do negro africano. Cabia ao Estado fornecer às fazendas mão-de-obra barata, só que agora essa mão-de-obra eram os proletários europeus vindos com financiamento estatal. O Estado manteria o papel que lhe cabia nas operações de tráfico negreiro, mas desta vez com relação à imigração: seria o pilar viabilizador da agricultura latifundiária. Um ano depois da abolição do tráfico, em 1851, entraram no Rio de Janeiro somente 2.200 negros. O tráfico negreiro estava mesmo cessando.

Brasil: Do Café à Indústria

No entanto, é preciso lembrar que apesar de ter sido esse o momento da opção imigrantista, somente na década de 1880 ela seria implementada de fato em grande escala.

Isso se deu, em primeiro lugar, por existir ainda um grande estoque de escravos, organizado nos anos finais do tráfico, quando seu fim já era previsto.

Além disso, após a década de 1850 o nordeste açucareiro se encontrava numa situação de excedente de mão-de-obra, como resultado da estagnação das exportações de açúcar para o mercado internacional. A região podia suprir suas necessidades de mão-de-obra com os trabalhadores localmente disponíveis, o que determinou o início do comércio interprovincial de escravos: o nordeste passou a vender seus escravos para o centro-sul cafeicultor. A diferença de produtividade entre café no sul e açúcar e algodão no norte tornava inevitável o escoamento de cativos. Entre 1850 e 1888, estima-se — sem dados precisos — o deslocamento de 100 a 200 mil escravos do norte para o sul. Seu destino, quase sempre, era a grande lavoura cafeeira. Ao governo não competia proibir essa prática, pois nesse momento era preciso abastecer o sul cafeeiro de mão-de-obra, porquanto o trabalho imigrante ainda não se havia tornado viável.

Logo nos primeiros anos de vigência do tráfico interprovincial, porém, houve tentativas de proibi-lo pelos próprios nortistas, que temiam o esvaziamento da escravaria da região. Nas décadas seguintes — de 1860 e 1870 —, entretanto, sua atitude muda e eles passam a facilitar esse tráfico, uma vez que necessitam do dinheiro obtido na venda de escravos para repor as perdas da lavoura açucareira. Há então um excedente ainda maior de escravos disponíveis.

Em 1871, no momento da aprovação da Lei do Ventre Livre, que declara livres todos os filhos de escravos nascidos a partir daquela data, as próprias províncias cafeeiras começam a temer os efeitos políticos e sociais da excessiva concentração de cativos na região. Em 1872 dois terços de toda a população escrava do Império concentravam-se na zona cafeeira.

No decorrer da década de 1870 a alternativa de compra dos escravos no nordeste foi sendo abandonada pelos sulistas. Em fins dessa década, o tráfico interprovincial já havia sido abandonado. Em 1881 ele seria efetivamente proibido.

A partir de então, ganha força a solução imigratória, embora a nação como um todo não estivesse disposta a arcar com os custos do processo imigratório para a zona cafeeira.

Com a decadência da economia açucareira do nordeste na segunda metade do século XIX, a opção de utilizar a mão-de-obra dos trabalhadores imigrantes na região era desinteressante, pois era possível manter a produção agrícola a partir do sistema denominado *cambão,* em que o trabalhador se torna agregado da fazenda. Ele trabalha um certo número de horas por dia para o fazendeiro em troca do direito de ter sua plantação de subsistência e de construir sua casa no local.

Tampouco se interessavam pela imigração os gaúchos e catarinenses, que nunca necessitaram de mão-de-obra para grande lavoura. Minas Gerais, por sua vez, contava com um grande estoque interno de escravos, capaz de suprir suas necessidades de novos trabalhadores. Além disso, Minas Gerais — que também foi produtora de café, principalmente na Zona da Mata — teve uma situação peculiar: não tendo como expandir sua fronteira agrícola, dedicou-se ao aprimoramento de técnicas agrícolas, o que diminuiu ainda mais sua necessidade de novos trabalhadores.

Portanto, configurou-se uma situação em que parecia indispensável as províncias contribuírem para o financiamento da lavoura cafeeira sulista. A discussão do problema se estendeu por muitos anos. De um lado estava o sul cafeeiro buscando subsídios estatais para a imigração; de outro as demais províncias, negando os subsídios e questionando a possibilidade de pôr em cena o trabalhador nacional. Como veremos mais adiante, a solução para o impasse estava na proposta de organização de uma república federalista no Brasil.

As primeiras experiências com a imigração

As primeiras referências à entrada de imigrantes estrangeiros em São Paulo datam de 1827. Segundo relatórios da Secretaria da Agricultura do Estado de São Paulo eles eram 226 alemães.

Poucos foram os imigrantes vindos para São Paulo nesse período. Os que vinham geralmente trabalhavam como parceiros ou roceiros; também acontecia freqüentemente de eles se introduzirem nos negócios urbanos depois de certo tempo. Outros imigrantes foram para as colônias de povoamento de Santa Catarina e do Rio Grande do Sul. Outros ainda vieram contratados pelo governo provincial para trabalhar em obras públicas. Era um tipo de imigração substancialmente diferente da desejada e proposta pelos fazendeiros a partir do fim do tráfico negreiro. Quase sempre eram imigrantes ligados a projetos de povoamento ou a experiências com o trabalho livre.

Sendo assim, a imigração de proletários estrangeiros continua sendo pequena nas décadas de 1830 e 1840. Em 1837 verifica-se a entrada de somente 277 imigrantes, de nacionalidade alemã. Dez anos depois, em 1847, entram 465 imigrantes estrangeiros, dentre os quais 402 são alemães, todos destinados às fazendas de parceria de Vergueiro.

Nesse momento ocorrem as primeiras experiências mais concretas de substituição do trabalho escravo pelo trabalho livre no Brasil. Elas resultaram da iniciativa da Companhia Vergueiro & Co., pertencente ao fazendeiro e senador Nicolau Campos Vergueiro, que implementou o sistema de parceria a partir de 1840. Embora o tráfico negreiro ainda atingisse taxas elevadas nesse momento,

Brasil: Do Café à Indústria

Vergueiro viu necessidade de substituir o trabalhador escravo pelo trabalhador livre, pois já era sabido que o tráfico negreiro tinha seus dias contados. Os tratados com a Inglaterra determinando o final do tráfico venceriam em 1844. Além disso, Vergueiro partilhava da idéia de que não era possível consolidar-se uma nação numa sociedade composta majoritariamente por escravos, carentes de homens livres.

Antes de examinarmos o sistema proposto por Vergueiro é preciso observar que tal processo ocorre na região do chamado Oeste paulista. Trata-se de uma zona agrícola bastante nova no que se refere à expansão cafeeira, que desde o início irá buscar soluções alternativas à mão-de-obra do escravo africano, já na antevisão de seu esgotamento. Diferente é o caso do vale do Paraíba, que sempre utilizou mão-de-obra escrava negra e pouco fez no sentido de se adaptar ao trabalho do imigrante, fosse como parceiro, como colono ou como assalariado.

Vergueiro iniciou suas primeiras experiências com o trabalho livre em 1840. Nesse ano ele introduziu oitenta famílias portuguesas para trabalhar em sistema de parceria na fazenda Ibicaba, localizada em Limeira.

O sistema de parceria, tal como concebido por Vergueiro, consistia em trazer o imigrante europeu adiantando-lhe as despesas com a viagem e com o sustento logo após a chegada. Uma vez na fazenda o recém-chegado assumia os cuidados relativos a uma determinada quantidade de pés de café. Os lucros obtidos com a venda do café eram divididos igualmente entre o proprietário e o colono, descontando-se anualmente parte dos custos com a viagem para o Brasil, a hospedagem e a alimentação, com juros de 6 por cento ao ano. Além disso, o parceiro tinha direito de produzir gêneros de subsistência e também produtos como queijo, leite e mel, que podia vender para a população local.

Isso, como aponta Sergio Buarque de Holanda, solucionou, ao menos em parte, a crise de produção de alimentos verificada na província de São Paulo com o avanço dos cafezais, visto que os fazendeiros foram abandonando a produção de gêneros alimentares para o consumo interno para dedicarem-se exclusivamente à cafeicultura.

Muitos estrangeiros vieram para as colônias de parceria e muitas colônias se fundaram. Dentre os imigrantes destacou-se a presença de alemães, portugueses e suíços. Não é possível, porém, mencionar uma estatística segura sobre o número de imigrantes vindos para as colônias de parceria. Pode-se dizer apenas que no auge do funcionamento do sistema, entre 1847 e 1857, existiam mais de trinta colônias de parceria na província de São Paulo.

Contudo o sistema fracassou, começando a declinar a partir de 1857, quando se deu a Revolta dos Parceiros. Esse movimento se deu em toda a região vizinha a Ibicaba, propriedade de Vergueiro; a revolta tem início no Natal de 1856, quando o mestre-escola suíço Thomas Davatz entra em litígio com a família Vergueiro, tentando obter esclarecimentos sobre injustiças cometidas com parceiros. Instala-se, então, um inquérito para saber o

Brasil: Do Café à Indústria

envolvimento de Davatz com personagens que estariam conturbando a ordem e pregando contra o sistema de parceria e contra Vergueiro. Ao saber do acontecido, muitos colonos — como afirma o historiador José Sebastião Witter — armam-se de paus, espingardas, foices e ancinhos e vão defender Davatz contra os diretores da colônia. Nada chegou a acontecer, mas o movimento causou muita polêmica e levou muitos fazendeiros a abandonarem o sistema de parceria a partir daquele ano de 1857.

O fracasso da experiência de Vergueiro, porém, não se explica apenas pela ocorrência da Revolta dos Parceiros. Outra razão fundamental é a forma como se estruturava o sistema: era praticamente inevitável que ela levasse a um confronto entre colonos e fazendeiros.

O historiador Sergio Buarque de Holanda apontou com clareza as dificuldades do sistema de parceria. Adaptados ainda à dinâmica do trabalho escravo, os proprietários não conseguiam formalizar as relações de parceria e com isso evitar os conflitos. "Escapava-lhes uma noção rigorosamente precisa e objetiva dos direitos e deveres que implica o regime de trabalho livre", diz Sergio Buarque. Isso ocorria, por exemplo, na inexatidão da prestação de contas com o parceiro, que se sentia sempre ludibriado pelo fazendeiro, na medida em que era excluído de participar da contabilidade e da operação de comercialização do café.

Além dessas dificuldades, é preciso considerar também as dificuldades dos imigrantes para compreender todos os custos do processo de produção e exportação do café. Eles não conseguiam entender a grande quantidade de impostos a pagar, não entendiam sequer as contas, e isso estabelecia uma relação de perpétua desconfiança em relação ao fazendeiro. Assim, parte do fracasso do sistema deve-se à própria atitude dos colonos.

Questões de ordem cultural também são importantes, já que os colonos europeus tinham grande dificuldade para se adaptarem à alimentação, aos costumes e à forma de trabalho locais. A adaptação de um europeu a um país tropical rural do século XIX tornava-se difícil devido a sua maior propensão ao contágio por doenças tropicais, para as quais não estava imunizado. Além disso, muitos dentre os trabalhadores europeus que vinham para cá já estavam mais afeitos ao trabalho urbano-industrial que ao trabalho rural. Era comum que se recusassem a executar esse tipo de trabalho, preferindo mendigar nas cidades.

Uma última consideração a respeito do fracasso do sistema de parceria, talvez a mais importante, está no conflito em torno das expectativas do colono e do fazendeiro. Enquanto o primeiro vem ao Brasil pensando conseguir uma vida melhor, tanto econômica quanto socialmente, o fazendeiro pretende encontrar no parceiro um substituto para o escravo na lavoura de café. A perspectiva do colono era tornar-se um pequeno proprietário; a do fazendeiro, reter o colono na fazenda. Assim, se estabelece um conflito que demonstra a inviabilidade da imigração promovida por particulares.

Brasil: Do Café à Indústria

Nos anos seguintes, porém, agrava-se a falta de mão-de-obra para a cafeicultura com a expansão da lavoura cafeeira.

Somente a partir de 1875, quando São Paulo também se posiciona contrariamente ao tráfico interprovincial de escravos, passam-se a registrar taxas mais significativas de imigrantes estrangeiros chegados em São Paulo. Em 1874 haviam entrado 120 imigrantes, enquanto em 1875 esse número subiu para 3.163. Data também de 1875 a chegada dos primeiros imigrantes italianos a São Paulo — 126 deles. Nos anos seguintes verificou-se um aumento constante desses números.

A necessidade de trabalhadores imigrantes para a lavoura cafeeira coincide com o processo de industrialização italiano, oriundo da Segunda Revolução Industrial. Com esse processo, inicia-se na Itália um movimento de expulsão do trabalhador do campo, seguido de um movimento de expropriação do pequeno trabalhador rural, que se vai transformando em assalariado. Cria-se com isso um grande excedente de trabalhadores, que a Itália estimula a emigrar para o Brasil, a Argentina e os Estados Unidos.

No Brasil, até o início da década de 1880 a imigração estrangeira continuará sendo pequena, pois só nessa década São Paulo irá conseguir o subvencionamento do Estado para a vinda de novos imigrantes. De 1850 a 1880 entraram 20.328 imigrantes estrangeiros em São Paulo, com uma média anual de 655 imigrantes. Devemos considerar ainda que desse total entraram 9.386 entre 1875 e 1880. Já não havia escravos africanos, os estoques internos estavam se esvaziando e a imigração estrangeira ainda era pequena.

Em contrapartida, só o vale do Paraíba produziu, em 1854, 2.737.639 arrobas de café, mantendo essa média anual até a década de 1880. Na região de Campinas, indo para o oeste paulista, a produção cresce de 491.307 arrobas em 1854 para 3.008.350 arrobas em 1886. Nesse contexto, a partir da década de 1880 teria início a construção do cenário do que se chama "grande fluxo imigratório para o Brasil", bem como da transição para o trabalho livre.

De 1875 a 1930 entraram em São Paulo para trabalhar nas fazendas de café, segundo dados da Secretaria da Agricultura do Estado de São Paulo, 2.396.305 novos trabalhadores. Desses, 274.032 eram brasileiros migrados de outras regiões e 2.122.273 eram estrangeiros, dos quais 935.222 italianos. Ou seja: cerca de 44 por cento dos imigrantes estrangeiros vindos para cá nesse período eram italianos.

SÃO PAULO COMO O MÓVEL DA TRANSIÇÃO PARA O TRABALHO LIVRE

Diante da necessidade de se acelerar o processo imigratório, esgotada a opção pelo trabalhador escravo, tornou-se necessário criar uma legislação favorável à vinda de imigrantes que, ao mesmo tempo, garantisse a dependência do imigrante em relação ao fazendeiro. Mais que a transição para o trabalho livre, os fazendeiros estavam preocupados com a substituição do braço escravo por outro qualquer. A implementação de fato do trabalho livre só se dará a partir desse processo, em que fazendeiros, colonos e a política estatal lutam em torno de suas posições. O motor dessa transição, como veremos, serão os cafeicultores paulistas.

As legislações existentes — de 1830 e de 1837 — a respeito do tema "locação de serviços", ou seja, sobre todos os que prestassem algum serviço, fossem eles trabalhadores nacionais ou estrangeiros, eram extremamente rígidas e previam penas de prisão para os locatários: os contratados viam-se numa posição próxima à da escravização pelos senhores. Para os fazendeiros, no entanto, o problema era outro: as penas aplicadas não ressarciam o investimento feito na contratação inicial. Feita por particulares, a imigração estava fadada ao fracasso. Era necessário que ela fosse subvencionada, ou pelo menos que houvesse uma "boa lei de locação de serviços" que facilitasse a imigração estrangeira e incentivasse o trabalhador nacional.

Com o subsídio à imigração os fazendeiros poderiam minimizar os custos e as perdas financeiras decorrentes do processo imigratório. Além disso, poderiam amenizar os conflitos sociais, pois para cada colono autonomizado haveria um outro de reposição, ou seja, cada vez que um colono conseguisse sua independência e fosse trabalhar autonomamente ou fosse para a cidade, haveria um recém-chegado no porto à espera de emprego numa fazenda de café. O proprietário não teria de fazer o investimento inicial para trazer o imigrante nem teria de enfrentar conflitos como o de Ibicaba. O problema social do trabalho se resolveria no abastecimento contínuo de trabalhadores. O problema social do trabalho era transferido para a órbita do Estado. Mais uma vez os fazendeiros compreenderam que só a intervenção do governo poderia viabilizar o sistema. Era preciso formular uma legislação para o trabalho livre nacional e estrangeiro, com o Estado funcionando como árbitro. Têm início aqui

Brasil: Do Café à Indústria

muitas das batalhas travadas no século XX a respeito do trinômio Estado-trabalho-sociedade.

Desde 1855 discutia-se uma nova legislação para regular a parceria, uma legislação que buscasse a afirmação do trabalho nacional e da imigração estrangeira. Depois de 1867 começam a ser discutidos no Parlamento os projetos de locação de serviços. Em 1879, a lei foi definitivamente aprovada.

Na elaboração da lei é preciso notar os trabalhos do Congresso Agrícola do Rio de Janeiro de 1878. O Congresso, promovido pelo próprio Ministro da Agricultura, fundamenta em grande parte a lei de locação de serviços de 1879, dando o peso e a medida dos acontecimentos e problemas reais enfrentados pela economia cafeeira. Contava com a participação de aproximadamente mil fazendeiros das diversas localidades das províncias do Rio de Janeiro, São Paulo, Espírito Santo e Minas Gerais. O Ministro da Agricultura, o fazendeiro alagoano Visconde de Sinimbu, propôs a temática do Congresso, que versou sobre a melhor forma de desenvolver a agricultura brasileira e de supri-la de novos trabalhadores.

Mas o que se observa na leitura dos Anais do Congresso Agrícola é uma aguda polêmica em torno da ação do Estado Imperial na resolução dos problemas da agricultura brasileira. Para muitos, a solução para a falta de braços não está na imigração, mas no aproveitamento do trabalhador nacional. Uma queixa que aparece repetidamente nos anais do Congresso diz respeito à falta de capitais para a lavoura. Era preciso crédito agrícola de longo prazo, era preciso investir em máquinas e técnicas agrícolas e com isso minorar os investimentos em mão-de-obra. Isso também é fortemente reivindicado pelos paulistas, que nesse momento já organizavam a imigração a partir dos cofres provinciais.

Havia uma grande preocupação com a questão nacional. Era preciso educar a população brasileira; a agricultura, tal como estava organizada, levava ao atraso da sociedade e da nação. A imigração temporária de *coolies* (trabalhadores de aluguel típicos da Ásia Oriental) e *chins* (chineses), proposta por grande número de agricultores, era considerada perigosa. Para muitos, os asiáticos eram inferiores aos africanos. Havia o risco de "mongolizar" o Brasil, colocando entre nós um povo bárbaro. No início os fazendeiros do nordeste e das regiões menos necessitadas de braços para a lavoura defenderam mais intensamente essa posição. Num segundo momento até mesmo fazendeiros de Rio Claro e Campinas, os que mais enfaticamente reivindicavam braços para a agricultura, se posicionaram contra a imigração de *coolies*.

Um fazendeiro de Taubaté, Moreira Barros, tratou de provar que nem mesmo a lavoura cafeeira de São Paulo necessitava de braços, segundo ele: "A média anual de produção de café em São Paulo, exportado pelos portos do Rio e Santos, pode-se calcular, para os últimos dez anos, em três milhões de arrobas, ou trinta milhões neste prazo. Ora, se, no juízo das pessoas mais competentes, pode-se calcular que em um estabelecimento agrícola sofrivelmente montado a produção é de 60 arrobas por es-

Brasil: Do Café à Indústria

cravos, ou que uma fazenda com cem escravos de todas as idades e profissões dá a média de 6 mil arrobas anuais, segue-se que aquela produção tem sido feita apenas por 50 mil escravos. Mas como temos 153 mil escravos matriculados, segue-se que 103 mil dedicam-se a outras culturas ou a outras profissões".

Assim, o que mais se estabelece no Congresso Agrícola é a polêmica: não há posições de consenso a não ser aquela que diz que o governo central deve ser capaz de sanar os problemas da agricultura nacional. Claro, os fazendeiros de São Paulo tendiam a reclamar mais da falta de braços que os fazendeiros mineiros, por exemplo: estes últimos pedem capital e investimento em técnicas agrícolas. No entanto o que fica claro no Congresso Agrícola é a necessidade de se tomar uma nova direção no que se refere à questão do trabalho e da agricultura.

Finalmente, na lei de locação de serviços aprovada em 1879 — a Lei Sinimbu —, estão presentes o estímulo à utilização do trabalho nacional e regulamentações que facilitavam a imigração estrangeira. O projeto gradual e civilizatório parecia em curso. Não constava da lei, no entanto, o subvencionamento para a imigração.

Por isso os paulistas trataram logo de criticar a lei: queriam subvencionamento estatal para a imigração e leis mais severas, que reforçassem as prisões e alterassem outras cláusulas de forma favorável aos fazendeiros. Queriam tornar a lei de 1879 mais próxima da lei de locação de serviços de 1837: tencionavam algo mais próximo de uma forma compulsória de trabalho voltada para a grande lavoura escravista.

Considerando a legislação vigente desfavorável a seus interesses, os paulistas acabaram por criar uma cisão política a partir de 1879, indo buscar soluções provinciais pela via federalista. Sua preocupação principal não era um acordo para a transição para o trabalho livre: o que desejavam, efetivamente, era a reposição de trabalhadores para o café com financiamento do Estado. A transição para o trabalho livre em São Paulo iria ocorrer somente a partir das demandas e dos problemas surgidos dentro do processo imigratório, não a partir de um acordo. Para os fazendeiros de São Paulo está em jogo a continuidade do trabalho compulsório, não o projeto gradualista de transição para o trabalho livre.

Desde 1871, quando foi aprovada a Lei do Ventre Livre, os fazendeiros paulistas tratam de buscar soluções em nível provincial para a questão do trabalho. Pedem a interferência do governo provincial para cobrir os custos de transporte e de instalação de colonos e para garantir uma estrutura viável que permitisse a imigração. Essa solução provincial reforça as pressões federalistas. Quando não conseguem financiamento do governo central, os fazendeiros passam a defender a autonomia provincial, querendo eles próprios gerir seus recursos e sua política para poderem realizar a imigração mediante desses recursos próprios.

No mesmo ano de 1871 criar-se-ia em São Paulo a Associação Auxiliadora da Colonização e Imigração, com o objetivo de facilitar a aquisição de trabalhadores livres. Essa associação introduziu na província, entre 1875 e 1879, 10.329 novos imigrantes — em sua maioria

Brasil: Do Café à Indústria

alemães e italianos. Era o primeiro esforço de São Paulo para concretizar por meios próprios a grande imigração.

Em 1886 é criada a Sociedade Promotora da Imigração. Consistia numa associação de personalidades ligadas à agricultura, respaldada pelo governo provincial, para administrar uma agência não lucrativa destinada a recrutar, transportar e distribuir trabalhadores imigrantes. Essa instituição cumpriu seu papel até 1895, pois em 1891, com a promulgação da constituição republicana, de orientação federalista, a província ganha mais autonomia e o próprio governo estadual passa a exercer tal papel.

Com efeito, a partir de 1886 observa-se um maior crescimento do número de imigrados. Em 1887 chegaram ao Brasil 32.112 imigrantes; em 1888 eles foram 92.086. A abolição já era iminente, havia forte fervor abolicionista. O número de fugas e protestos de escravos assustava os fazendeiros. Mesmo os fazendeiros do oeste paulista já eram favoráveis à abolição: ora, eles já podiam contar com a imigração estrangeira, os subsídios do Estado e a Hospedaria dos Imigrantes, da qual falaremos a seguir.

Entretanto, embora nesse momento houvesse grande empenho em se viabilizar o Brasil enquanto nação moderna, com um mercado de trabalho constituído — uma nação autônoma, capaz de reproduzir sua mão-de-obra internamente —, o que prevalecia em São Paulo era um sistema onde se amarrava o trabalhador à fazenda numa condição de infracidadania. Mesmo o oeste paulista — apontado por muitos autores como o setor mais moderno da economia nacional e cafeeira — utiliza sua opção dita "modernizante" — a imigração — como possibilidade de manter a forma de trabalho compulsório utilizado até então. Mesmo lá, o que havia era o grande latifúndio com mão-de-obra barata e desqualificada, funcionando graças a um sistema de trabalho em regime compulsório.

O importante era garantir um fluxo contínuo de trabalhadores para as fazendas de café, tal como ocorrera durante o exercício do tráfico de escravos. Era uma lógica da exploração do trabalho que pouco tem a ver com uma opção "modernizante" da sociedade, na medida que a forma de organização do trabalho continuava a demolir os esforços para a construção da nação. O fato de o oeste paulista ter investido em novas técnicas agrícolas não descaracteriza a forma pela qual pensava a organização do trabalho — pelo menos não nesse momento da transição.

Em 1900 o Secretário da Agricultura do Estado de São Paulo, ao reclamar da diminuição dos subsídios para a imigração pelo Governo Federal, ratificaria essa posição dizendo: "O Estado de São Paulo, sem (ter) a densidade da população suficiente para determinar a barateza dos salários, sem o grau de instrução agrícola indispensável para facilitar a aplicação dos processos científicos capazes de reduzir os custos da produção, não dispondo de capitais baratos, não podendo ter meios de transporte modernos, (seja) já por sua topografia, que eleva o custo da construção de estradas de ferro, já por não ter vias de comunicação fluvial para a maior parte do Estado, no

Brasil: Do Café à Indústria

sentido da exportação, não podia com êxito entregar-se a outra indústria que aquela a que se entregou e lhe assegurou na classe dos estados produtores do Brasil o lugar proeminente que ocupa. Sendo isto certo, não poderemos por algum tempo ainda mudar o sistema de imigração, pois enquanto não se modificarem pelo menos algumas das condições atuais contrárias ao desenvolvimento das indústrias, a do café terá de absorver todos os braços que possamos importar, e estes não podem deixar de ser os que nos fornece a imigração assalariada".

A Hospedaria e a inserção social dos imigrantes

A história da Hospedaria dos Imigrantes começa em 1881. Estudando-a podemos ver como se organiza o fluxo migratório e o processo de inserção do imigrante na realidade brasileira. Impossível deixar de perceber linhas de continuidade com a sociedade chamada "escravista". Embora a imigração fosse uma coisa diferente, ela manteve semelhanças com o escravismo no que se refere à dinâmica social a ela imposta. Funcionava, tal como a escravidão, de forma sistêmica, pois o importante era abastecer as fazendas de trabalhadores — o que impedia a formação de um mercado de trabalho nacional.

Curioso lembrar que até os navios negreiros da época do tráfico pareciam continuar vivos e ativos: alguns dos investidores nesse setor continuavam com seus negócios, só que agora transportando imigrantes em vez de negros africanos; além disso, a forma como se realizava o transporte dos imigrantes preservava muitas das características do negócio negreiro.

Angelo Trento descreveu esse processo em minúcias: "Recrutado (o emigrante) quase sempre por agentes e subagentes, vendidas as poucas coisas que possuía, encontrava-se em Gênova entregue a si mesmo, à espera do embarque. Muitas vezes lá chegava vários dias antes, por má-fé dos agentes mancomunados com taberneiros e estalajadeiros, e era obrigado muitas vezes a privar-se até mesmo do que lhe sobrava. Sua sorte tampouco melhorava ao subir a bordo. É sabido que por trás da emigração transoceânica havia os interesses de armadores e das sociedades de navegação italianas, que procuravam intervir inclusive com a finalidade de modificar a legislação existente. Os representantes da 'Navigazione Generale Italiana' e da 'La Veloce', por exemplo, mandaram, em março de 1890, uma carta para Crispi assinalando os prejuízos que sofriam com o decreto que proibia a emigração subsidiada para o Brasil".

Durante a viagem os emigrantes morriam de varíola e epidemias em geral, consumiam alimentos estragados, dormiam em beliches empilhados ou diretamente no assoalho. Eram transportados em navios que comportavam, muitas vezes, somente um terço de sua lotação. Para

Brasil: Do Café à Indústria

exemplificar, em 1888 morreram em dois navios 52 pessoas de fome; em 1899 morreram 24 pessoas por asfixia.

A fim de acelerar o processo imigratório, organiza-se uma comissão na Assembléia Provincial para planejar a construção de uma hospedaria para receber imigrantes recém-chegados. Em 1886 é preciso construir um novo prédio porque o primeiro tornara-se insuficiente. Em 1888 a Hospedaria tinha capacidade para receber até 4 mil pessoas.

Os imigrantes vinham de Santos, uma viagem de 80 quilômetros. Na época eram comuns doenças como a febre amarela e a malária. Ao chegarem à hospedaria viam-se num prédio onde a superlotação era costumeira: às vezes havia até 10 mil pessoas hospedadas. Cada dormitório era somente um salão nu com espaço para setecentas pessoas no chão; as instalações sanitárias eram uma latrina dividida em dez compartimentos para cada dois dormitórios. O lugar era sujo e infestado de doenças — várias crianças morriam contaminadas. As péssimas condições de higiene propiciavam a eclosão de doenças infecciosas tropicais a que os imigrantes estavam pouco afeitos. Vigias patrulhavam os prédios dia e noite para prevenir roubos; ninguém podia sair sem autorização e ninguém entrava senão a serviço oficial. Era uma quase-prisão, de onde só se escapava assinando um contrato de trabalho em uma fazenda.

Em sua maioria, os contratos de trabalho nas fazendas enquadravam-se no sistema de colonato: era combinado um salário anual para que o imigrante cuidasse de um bloco de cafezais, o telhão. Além disso, ele podia ganhar algum dinheiro fazendo serviços extras, como reformas em prédios, carregamento de carroças, etc. Tinha ainda receitas não-monetárias, como moradia e direito de plantar para subsistência e eventualmente vender alguns cereais que plantasse.

Esse sistema, porém, não resguardava a liberdade do colono. Para mantê-lo na fazenda o fazendeiro utilizava coerções extra-econômicas, como normas punitivas e castigos. Ao mesmo tempo, recorria ao endividamento como forma de retenção do colono. Nas fazendas, além disso, era proibida a saída do colono sem autorização do fazendeiro (item da lei de locação de serviços de 1879), resultando em prisão o descumprimento dessa norma. Ele tampouco podia deixar o trabalho ou mudar de fazenda sem autorização.

O caminho era de Santos à Hospedaria dos Imigrantes e daí para a fazenda. A Hospedaria garantia o fluxo e era a certeza de que o colono ia para a fazenda: cabia-lhe articular o sistema. Oswald de Andrade, em seu livro *Zero: a revolução melancólica,* observa que o Brasil era "o país do cavalo azul". Os filhos dos imigrantes iam para a escola e, em seu esforço para aprender a língua portuguesa, faziam frases para a professora da escola da fazenda tais como "o cavalo é azul", sem notar que não há cavalos azuis. Não entendiam a língua e, mais que isso, a nacionalidade não se formava. Os imigrantes e seus filhos são apenas ferramentas para as fazendas de café, não são novos cidadãos.

Aos poucos o subsídio à imigração vai se tornando, mais que uma vantagem econômica, uma condição para

Brasil: Do Café à Indústria

a existência da imigração, pois só assim era possível ter certeza de que o imigrante ia para a fazenda. O exame dos registros mostra que quase todos os imigrantes subsidiados pelo governo iam para a Hospedaria e daí para as fazendas, enquanto só um quinto dos imigrantes espontâneos iam para a Hospedaria e para as fazendas. Entre 1908 e 1920, dos 340.507 imigrantes espontâneos chegados, somente 76.715 passaram pela Hospedaria. Em 1920, dos 24.460 imigrantes espontâneos, somente 3.030 foram para a Hospedaria.

Por isso, naquele mesmo ano, o Secretário da Agricultura, em nome da continuidade da produção agrícola e do latifúndio, apela para que se reforce a imigração subsidiada, em declínio desde 1898, pois só assim seria possível garantir a ida do colono para a fazenda. "A imigração de famílias" — diz o próprio Secretário — "nas condições que são exigidas para o trabalho permanente na lavoura de café, só pode satisfazer mediante a seleção que a imigração subsidiada facilita e mediante o pagamento das passagens pelo Estado, o que é da essência do sistema".

Oswald de Andrade, no romance já citado, descreve também o processo de inserção do imigrante nessa sociedade: "Um dia, os imigrantes aglomerados na amurada da proa chegavam à fedentina quente de um porto, num silêncio de mato e de febre amarela. Santos. — É aqui! Buenos Aires é aqui! — Tinham trocado o rótulo das bagagens, desciam em fila. Faziam suas necessidades nos trens dos animais onde iam. Jogavam-nos num pavilhão comum em São Paulo. — Buenos Aires é aqui!

— Amontoados com trouxas, sanfonas e baús, num carro de bois, que pretos guiavam através do mato por estradas esburacadas, chegavam uma tarde às senzalas donde acabava de sair o braço escravo. Formavam militarmente nas madrugadas do terreiro homens e mulheres, ante feitores de espingarda ao ombro".

Contudo, o que devemos salientar é que essa forma de transição não é expediente em todo o Brasil. Ao contrário, o caso de São Paulo é particular e, mais que isso, é o móvel articulador da transição para o trabalho livre.

Na medida que São Paulo se diferencia e mantém sua fronteira agrícola alimentada pela imigração, deixa de pressionar os mercados de trabalho internos, permitindo que outras zonas agrícolas do país realizem a transição do trabalho escravo para o trabalho livre a partir da oferta regional de mão-de-obra. São Paulo dava a tônica das relações econômicas e, não fosse a imigração, certamente geraria uma demanda de trabalhadores de outros estados para suas fazendas de café. Essa possibilidade, no entanto, já fora social e politicamente descartada nos anos anteriores à abolição, com litígio em torno do tráfico interprovincial de escravos.

Entre 1875 e 1930 entraram anualmente, em média, 43 mil imigrantes para satisfazer o mercado de trabalho paulista. Somente na década de 1920 foram intensas as migrações internas, quando milhares de trabalhadores se deslocaram do nordeste para o centro-sul do país, num processo que ainda hoje se observa.

DO CAFÉ À INDÚSTRIA: A CONSOLIDAÇÃO DE UM MERCADO DE TRABALHO LIVRE NO BRASIL

Para entender o processo brasileiro de industrialização e a consolidação de um mercado de trabalho livre é preciso que nos remetamos novamente à cafeicultura, tanto do ponto de vista econômico como do político. Os capitais acumulados na cultura cafeeira é que deram o primeiro impulso à industrialização; politicamente, as legislações trabalhistas do campo forneceram o fundamento para a relação Estado-trabalho na década de 1930 e em períodos anteriores.

A partir de 1870 a produção paulista de café ultrapassa a do Rio de Janeiro. Em cinco anos, de 1870 a 1875, a produção de café em São Paulo passa de 16 por cento do total produzido no país para 40 por cento. Enquanto a produção paulista — mais especificamente a do oeste paulista — crescia, a cafeicultura do Rio de Janeiro e do vale do Paraíba paulista começava a declinar, principalmente na década de 1880.

A cafeicultura do Rio de Janeiro e a do vale do Paraíba mantiveram-se sempre escravistas e não tiveram os incrementos tecnológicos e a introdução maciça de imigrantes verificados em São Paulo. Contrastantemente, o oeste paulista foi capaz de estabelecer uma política plenamente adequada ao quadro econômico nacional e internacional.

No entanto, como já lembramos antes, é preciso ter cuidado para não qualificar o oeste paulista como "moderno" em contraposição ao vale do Paraíba "arcaico". Pode-se dizer, no que se refere às técnicas agrícolas, aos meios de transporte e à forma de organização do capital, que o oeste paulista teve uma perspectiva mais moderna. Com relação ao trabalho, porém, mesmo com a introdução de imigrantes, ele manteve uma relação de continuidade com a escravidão. Mais que homens livres, buscavam-se substitutos para os negros africanos. A história social dos imigrantes demonstra a situação de aprisionamento em que viviam nas fazendas.

Nesse sentido, é correto afirmar que a imigração fomentou as discussões e determinou as bases para uma legislação e para a forma de organização do trabalho livre no Brasil no século XX, mas não cabe afirmar que com ela modernizou-se a forma de organização do trabalho no Brasil.

Brasil: Do Café à Indústria

Quanto ao que se introduziu de novo na cafeicultura paulista, devemos falar, pelo menos, das ferrovias, das novas técnicas de beneficiamento do café e de todo o complexo que se forma a partir do capital cafeeiro.

Com a crescente expansão da cafeicultura brasileira, organizou-se em fins da década de 1850 a primeira sociedade com o objetivo de construir uma estrada de ferro, a Sociedade das Estradas de Ferro D. Pedro II, organizada pelo Governo do Império. A primeira estrada de ferro do país começou a funcionar em 1859, ligando o Rio de Janeiro a Cachoeira, na província de São Paulo.

Antes das ferrovias, todo o transporte do café era feito por muares. Esse transporte em lombo de mula da fazenda ao porto despendia muito tempo, além de provocar perdas e piora na qualidade do café, que ficava muitos dias exposto ao sol e à chuva. Além disso, era caro comprar os muares. Esses, em sua maioria, eram criados no Rio Grande do Sul e comercializados na feira de muares de Sorocaba. Por muito tempo esse foi um dos negócios mais lucrativos do Império, chegando a representar 5 por cento da renda nacional. Com a expansão das ferrovias esse negócio entrou em decadência; em 1890 praticamente desaparecera o transporte em lombo de mula na zona cafeeira.

Depois da criação da Estrada de Ferro D. Pedro II, que ia buscar o café em todo o vale do Paraíba, em parte de São Paulo e em Minas Gerais, foi outorgada nova concessão para a construção de outra estrada de ferro. Essa concessão beneficiou o Barão de Mauá, que iria construir a estrada de ferro Santos—Jundiaí. No entanto pouco depois, em 1858, organizou-se a *São Paulo Railway Co. Ltd.*, de capital inglês, e a concessão foi transferida para essa empresa, que acabou por construir a estrada de ferro Santos—Jundiaí, ligando o interior ao litoral. Seu primeiro trecho (São Paulo—Santos) foi inaugurado em 1867.

A partir daí foram construídas várias outras ferrovias na zona cafeeira, como a Araraquarense, a Central, a Bragantina e a Noroeste. Entre elas existem ainda outras três de maior relevo: a Paulista, a Mojiana e a Sorocabana, representando juntas 50 por cento da malha ferroviária paulista. Todas elas interligavam o interior à cidade de São Paulo, de onde o café era levado até o porto de Santos através da ferrovia Santos—Jundiaí. A rede ferroviária Sorocabana ia até Bauru, a Paulista até Araraquara e a Mojiana, num primeiro momento, até Moji-Mirim. Até 1940 a rede ferroviária foi ampliando suas malhas em decorrência da própria evolução da cafeicultura. A Paulista chegou até Marília, a Sorocabana até Presidente Prudente, e a Mojiana estendeu-se até o sul de Minas Gerais. Mas o importante é registrar, como notou Flavio Saes, que essas três linhas seriam uma "espécie de síntese dos fluxos de transporte entre o interior e a capital e o litoral"; todos, de alguma forma, serviam-se delas e de suas conexões para fazer o transporte do café.

Assim, o custo do transporte do café diminuiu em até 30 por cento. Além disso os cafezais tiveram condições

Brasil: Do Café à Indústria

de se expandir, aumentando a produtividade, pois com a expansão da malha ferroviária expandia-se a área de produção de café: a distância deixava de ser um obstáculo à produção.

Outra inovação na cafeicultura paulista a partir de 1870 foi a introdução de novas técnicas agrícolas, principalmente no que se refere ao beneficiamento do café e ao tratamento dos grãos. Isso permitiu que o café alcançasse maior qualidade, com economia de mão-de-obra.

No entanto é preciso notar que, além de eficiência e economia, gesta-se aí todo um novo universo de relações econômicas. Começa a delinear-se mais claramente o que muitos autores chamaram de "complexo cafeeiro".

As ferrovias Mojiana e Paulista, por exemplo, eram inteiramente formadas por capitais nacionais, ou melhor, eram de propriedade de cafeicultores. Mais tarde, em 1910, chegaria a haver vinte ferrovias em São Paulo, sendo uma do Governo Estadual (Sorocabana), duas do Governo Federal, uma de capital estrangeiro e mais dezesseis de capital nacional privado. Em 1908 a Mojiana e a Paulista, de capital privado, tinham, juntas, 2.146 quilômetros de estradas de ferro.

Desse modo a cafeicultura vai deixando de ser um setor unicamente produtor e exportador de determinado produto para começar a investir em outros setores. As ferrovias eram mais que um mero suporte à cafeicultura: elas se tornavam em si mesmas um investimento rentável, de grande lucratividade, aliás, Wilson Cano mostrou que a Paulista, por exemplo, produzia uma taxa de lucro de 14,6 por cento ao ano em relação ao capital investido. Ou seja, a partir do total de 161.500 contos investidos na Paulista, obtinha-se um rendimento anual de 23.578 contos.

Além de investir em estradas de ferro, os cafeicultores passaram a ser também, como define Sérgio Silva, "Compradores da produção do conjunto de proprietários de terra. Eles exerciam as funções de um banco, financiando o estabelecimento de novas plantações ou a modernização de seu equipamento, emprestando aos fazendeiros em dificuldades".

Os fazendeiros foram ficando cada vez menos plantadores e cada vez mais banqueiros, comerciantes e investidores. Aumentou o papel das casas de exportação, que centralizavam toda a compra de café; ali nasceram, segundo Sérgio Silva, os primeiros bancos brasileiros.

A partir daí é possível concluir que não existiam setores econômicos diferenciados, mas um único setor cafeeiro atuando em atividades múltiplas, todas elas voltadas para o comércio exportador.

Foi a partir do surgimento desse complexo cafeeiro investido de enorme poder e capital que se abriram brechas para o desenvolvimento industrial: do capital acumulado na cafeicultura seria possível fomentar a indústria. Contudo, numa primeira fase, a cafeicultura impôs limites à industrialização, que surgiu tendo como eixo principal uma economia e uma sociedade esquematizadas em termos de latifúndio, de mão-de-obra abundante, importada e barata e voltada para o mercado externo. Assim,

Brasil: Do Café à Indústria

o crescimento da indústria estava sempre condicionado ao vaivém da economia do café.

Até a década de 1880 pouco se pode falar de "indústria brasileira". A única atividade industrial instalada com algum sucesso no Brasil até então era a indústria de chapéus. Em 1852 existiam 21 fábricas nacionais de chapéus.

A dificuldade para se instalarem outras atividades industriais no Brasil está ligada à própria dinâmica de uma economia agrário-exportadora. Os discursos políticos na Câmara dos Deputados demonstram como se deveria preservar a "vocação agrária" brasileira. Os subsídios deveriam ser para a agricultura, não para a indústria. As importações poderiam ser taxadas, não as exportações, pois delas dependiam os cafeicultores.

Temia-se também uma grande transferência de trabalhadores do campo para a cidade. Segundo um deputado da época, o Visconde de Cairu, a industrialização no Brasil não serviria "para aumentar a riqueza e o bem-estar das povoações, produz infalivelmente a acumulação de braços e capitais nas cidades, e, como conseqüência fatal, despovoação e empobrecimento do distrito agrícola".

Sem capitais, sem a possibilidade de compra de máquinas por sua alta taxação e sem a presença do Estado como agente estimulador, ficava a indústria sem o impulso necessário para sua implementação. Os homens que dirigiam o Estado brasileiro eram, em geral, representantes da agricultura e da cafeicultura. Eles viam o Brasil, dentro da divisão internacional do trabalho, como um produtor agrícola, exportador e ao mesmo tempo consumidor de produtos importados. Esse deveria ser o lugar do Brasil no concerto das nações.

No entanto, na década de 1880 essa percepção do Brasil começou a sofrer alterações. Com a primeira crise de superprodução de café em 1882, quando a produção nacional ultrapassou o consumo mundial, os preços internacionais sofreram grande queda. Durante toda a década de 1880 e parte da década de 1890 os preços continuaram em queda.

A forma encontrada para repor os preços do café foi um processo de desvalorização contínua da moeda brasileira. Por meio desse mecanismo conseguiu-se favorecer as exportações. Isso fez com que o mil-réis (moeda brasileira de então) passasse a valer, de 26,5 pence em 1889, 7,5 pence em 1899. O que se fez, assim, foi socializar os prejuízos da cafeicultura mediante uma política inflacionária. Desvalorizando a moeda nacional tornavam-se mais caros os produtos de consumo e os alimentos, favorecendo os negociadores que trabalhavam com libras esterlinas.

Essa política, no entanto, não foi capaz de resolver consistentemente o problema da superprodução e da queda dos preços do café no mercado internacional. Assim, em 1898 o Brasil vê-se endividado externamente. A solução encontrada foi realizar uma operação de *funding-loan*, em que o governo brasileiro deixava de pagar os juros da dívida externa mas se comprometia a adotar uma política de estabilização e recuperar o valor da moeda

Brasil: Do Café à Indústria

do país. Os cafeicultores, no entanto, continuavam a braços com o problema da superprodução.

A saída encontrada para resolver esse problema foi a *política de valorização do café,* decidida no Convênio de Taubaté, organizado pelos cafeicultores em 1906. Nesse encontro propôs-se, como solução à crise do café, a compra dos excedentes de produção pelo governo, formando um estoque regulador. O financiamento dessas compras seria feito por bancos estrangeiros. Além disso, o Estado deveria tomar medidas desencorajadoras à expansão das plantações.

No entanto isso significaria impor a toda a nação os custos da cafeicultura paulista, o que causou polêmica por toda parte. Ademais, se o Governo Federal voltasse a se endividar externamente, não poderia honrar o *funding-loan.* A solução encontrada foi constituir estoques reguladores e contrair empréstimos junto a bancos estrangeiros via Governo Estadual, já que o federalismo contido na constituição de 1891 permitia esse tipo de procedimento.

O federalismo, aliás, foi um dos elementos fundamentais na campanha para o advento da República no Brasil. Os cafeicultores paulistas empenharam-se para conseguir na República a autonomia a que o regime monárquico sempre obstou. Com a abolição da escravidão em 1888, os paulistas queriam viabilizar definitivamente o financiamento ao trabalho livre, o que seria mais fácil num regime federalista, visto que outras regiões do país não estavam dispostas a financiar a província de São Paulo.

O advento da República em 1889, relativamente ao que estamos estudando, assinala a conquista da autonomia regional e a imposição dos custos da cafeicultura à nação pelos paulistas.

A partir daí a cafeicultura ganhou novo impulso: a nação, via Governo Estadual, arcava com seus prejuízos. Ao mesmo tempo o capital estrangeiro foi assumindo importância crescente nesse setor da economia, incrementando ainda mais o chamado "complexo cafeeiro". Crescia o papel dos bancos e das casas de exportação comandados pelos cafeicultores. Esses bancos, como afirma Sérgio Silva, "rapidamente penetram em todos os setores da economia brasileira, financiando as atividades mais diversas: o comércio, a importação, a exportação, o açúcar, o café e também a indústria".

Mas, além dessas considerações de natureza mais econômica, que mostram como a cafeicultura e os capitais nela envolvidos promovem o início da industrialização, é preciso considerar um outro aspecto. Com a primeira crise do café em 1882/83, a já existente Associação Industrial chamou a atenção, como afirma a historiadora Nícea Vilela Luz, para a "vulnerabilidade de uma economia assentada sobre um único artigo, o café".

Além disso, com a imigração de europeus formava-se nas cidades um grande contingente de pessoas sem trabalho e inaptas à vida rural, pessoas que no máximo podiam dedicar-se a pequenas atividades ou ao furto e à prostituição. No Brasil predominantemente rural do século XIX a caricatura mais comum do homem livre po-

Brasil: Do Café à Indústria

bre nas cidades era a de vadio ou indigente, pois não havia um mercado de trabalho capaz de lhe garantir uma colocação social.

Essa atmosfera de instabilidade econômica e social favoreceu também o estímulo à indústria. Entrar no século XX como sociedade apenas rural já não era o desejo de todos.

Nesse contexto, iniciou-se na década de 1880 o primeiro surto de investimentos industriais no Brasil. No entanto, antes de descrever esse processo devemos deixar claro o papel subordinado da indústria em relação à agricultura.

Sendo a cafeicultura o motor da economia nacional, cabia-lhe também estabelecer a dinâmica do desenvolvimento industrial brasileiro. Nesse primeiro momento de crescimento industrial, a economia brasileira estava voltada para a atividade comercial, ou seja, a exportação de produtos agrícolas e a importação de manufaturados europeus. Nesse sentido, afirma o economista João Manuel Cardoso de Mello: "O capital industrial depende duplamente do capital cafeeiro. Em primeiro lugar, para repor e ampliar a capacidade produtiva, está preso à capacidade para importar gerada pela economia cafeeira. Em segundo lugar, o capital industrial é incapaz de gerar seus próprios mercados, seu crescimento está atrelado aos mercados externos criados pelo complexo exportador cafeeiro, que é dominamente mercantil".

Isso fica mais claro quando lembramos o caso da política de valorização do café, que discutimos há pouco. Ao desvalorizar-se a moeda nacional, os preços das importações tornaram-se altos, favorecendo a produção de mercadorias no Brasil. Nesse período fazem-se grandes investimentos industriais, ou seja, uma política feita para a cafeicultura tem efeitos diretos sobre a indústria. A cafeicultura regulava as relações comerciais e também a dinâmica do desenvolvimento industrial. O suprimento de mão-de-obra para a indústria também estava condicionado à cafeicultura, pois dependia dos imigrantes vindos da Europa, onde muitos já tinham alguma experiência com o trabalho industrial.

Assim, em 1885 havia em São Paulo treze fábricas têxteis, sete empresas metalúrgicas e três fábricas de chapéus. Em 1889 o Brasil contava com 636 empresas e 54 mil operários.

Em 1883 surgiu a Companhia Melhoramentos, fundada por um fazendeiro que decidiria investir no setor de papel e, posteriormente, em cal e cerâmica. Em 1887 e 1888 aumentaram os investimentos industriais. Nesses anos duas fábricas foram inauguradas: uma de açúcar e juta e a cervejaria Antarctica. Ainda em 1887 foi fundada a fábrica de tecidos Crespi, com recursos declaradamente originários de fazendeiros. Antonio Prado, grande cafeicultor paulista, fundou a vidraria Santa Marina. No ano de 1897 foi fundada ainda, por outro fazendeiro, a fábrica de cimento Rodovalho, mais tarde adquirida pelas Indústrias Votorantim.

Em 1907 foi organizado um primeiro censo industrial, que apontou a existência de 326 estabelecimentos industriais em São Paulo, dentre os quais 31 eram indústrias têxteis.

Brasil: Do Café à Indústria

Daí até 1933 foi-se consolidando o primeiro momento da industrialização brasileira — feita por fazendeiros, mas não somente por eles. Para nós, o importante é perceber que o capital cafeeiro dirigiu esse processo por meio do sistema bancário e de políticas econômicas que ora favoreciam ora prejudicavam o desenvolvimento industrial. Nesse processo foram-se integrando outros comerciantes, imigrantes, importadores e outros mais, que se transformaram em industriais. Um caso típico de imigrantes que se tornaram industriais foi o da família Matarazzo, que rapidamente transformou-se em proprietária de um moinho e depois diversificou seus negócios, acumulando grande fortuna. Assim, mesmo tendo sido montadas muitas indústrias por imigrantes ou importadores, o desenvolvimento econômico e o financiamento foram propiciados e regulados pela cafeicultura.

Convém fazermos uma última observação quanto ao processo inicial da industrialização do Brasil, que se deu até 1933: esta realizou-se somente a partir de bens de consumo assalariado. Quer dizer, instalou-se primeiro a indústria leve, produzindo principalmente tecidos. Instalou-se também, por exemplo, a Companhia Fiat Lux de fósforos, empresas de bebidas — como a Antarctica —, fábricas de velas, etc. Somente mais tarde seriam implantadas as chamadas " indústrias de bens de produção", de máquinas e equipamentos industriais, siderurgia, etc.

As razões disso, como bem explicou João Manuel Cardoso de Mello, estão na realização da Segunda Revolução Industrial, ocorrida em meados do século XIX na Europa. Introduziram-se novas tecnologias que tornavam o investimento mínimo proibitivo para os padrões brasileiros. Já a indústria de bens de consumo assalariado necessitava de tecnologia mais simples — disponível no mercado internacional —, exigindo investimentos menores.

A implementação de um parque industrial completo no Brasil só se dará nas décadas seguintes. A partir da crise do café em 1929 e de sua queda no mercado internacional, o capital industrial toma definitivamente as rédeas da economia nacional e o Brasil deixa de ser um país eminentemente mercantil.

Vimos, até aqui, como a cafeicultura promove a industrialização e como não há separação nítida entre o desenvolvimento dos mundos rural e urbano. Veremos agora como, no interior desse processo, consolida-se a transição para o trabalho livre no Brasil; como, a partir dos problemas da cafeicultura com relação à questão do trabalho, nasce a legislação trabalhista do Brasil industrial pós-1930.

Imigração e transição para o trabalho livre: do urbano ao rural

Desde o início da grande imigração, em 1875, já havia formas indiretas de financiamento da imigração pelo Estado. Em 1888, quando a imigração já era subsidiada

Brasil: Do Café à Indústria

pelo governo central, São Paulo recebeu 92.413 imigrantes, dentre os quais 80.479 italianos. Em 1895 a imigração atingiu seu número mais alto — 114.769 —, com 84.722 italianos. Estes foram quase sempre a maioria dos imigrantes. Além dos italianos, espanhóis, portugueses e depois japoneses compuseram o maior fluxo de imigração. As mudanças de tipos de imigrantes revelam por vezes questões significativas a respeito da realidade brasileira.

Apesar do fluxo contínuo, nunca foi tranqüilo realizar a imigração. Depois de altos índices de imigração até 1897 vemos, nesse ano, cair para 27.214 o número de imigrantes chegados a São Paulo — conseqüência do declínio do subsídio para a imigração. Têm início as primeiras crises; fazendeiros e Governo Estadual começam a imaginar novas maneiras de fixar e aproveitar o trabalhador nacional, evitando, ao mesmo tempo, que os trabalhadores deixem as fazendas para se tornarem lavradores independentes em pequenas propriedades já cansadas para o cultivo do café.

Em 1899 a imigração caiu ainda mais, com somente 16.662 novos imigrantes. Era a peste bubônica de Portugal chegando ao Brasil. Aqui, observam-se as conseqüências da primeira crise do café. Nesse ano a Hospedaria dos Imigrantes teve de ser isolada; novos imigrantes foram para hospedarias improvisadas em Moji das Cruzes e São Bernardo. Em 1901 a imigração volta a crescer: são 75.845 novos imigrantes; mas crescem também as saídas, com 36.099 imigrantes deixando o Brasil.

Em 1902 a imigração italiana para o Brasil é proibida pelo governo italiano como resultado de atritos entre o cônsul italiano no Brasil e o Estado brasileiro. Esses atritos derivavam, principalmente, das queixas de imigrantes relativas a maus-tratos e à condição de semi-escravidão em que se viam ao chegar. Com isso, observou-se novo declínio do número de imigrantes.

Nesse mesmo ano de 1902 saem do país 40.268 imigrantes — o saldo é negativo com relação aos subsidiados. Assim sendo, a preocupação agora era encontrar uma maneira de minimizar os conflitos entre imigrantes e fazendeiros, de "proteger" os primeiros de forma a retê-los nas fazendas.

Com esse objetivo cria-se em 1904 a Agência Oficial da Colonização e Trabalho, encarregada de facilitar aos imigrantes em geral sua colocação na lavoura e nas indústrias. A Agência serviria, segundo um documento interno, "para os imigrantes ou trabalhadores diversos que se acolherem à proteção do governo, fazer o contrato de trabalho, e procurar a resolução das questões entre patrões e trabalhadores, pelo juízo arbitral, ao qual ficam obrigatoriamente sujeitos todos os que contratarem seus serviços por intermédio daquela repartição. A adoção do juízo arbitral para resolver as questões resultantes da execução ou da interpretação dos contratos de trabalho, não será garantia suficiente para o trabalhador, senão enquanto o patrão se sujeitar ao laudo proferido. Desde que seja desobedecido, terá o trabalhador de dirigir-se ao juízo comum, e é perante este que se torna necessário organi-

Brasil: Do Café à Indústria **57**

zar a proteção e amparo do imigrante, enquanto este não pode possuir nem os recursos bastantes, nem o conhecimento das causas do país que lhe permitam promover a satisfação de seus direitos e interesses lesados".

Com a Agência tem início um modelo de intervenção do Estado que procura garantir braços para o café e solapar conflitos sociais. Algo próximo daquilo que se deu em 1930, quando se implementou uma legislação trabalhista que colocava o trabalhador sob a "proteção" do Estado — só que a referência vem do mundo rural, não do urbano. Aliás nesse período há um conjunto: os órgãos pensam a organização do mundo do trabalho rural e urbano como um todo, transitando trabalhadores de lá para cá e vice-versa.

Entre 1911 e 1912 volta a subir o número de imigrantes chegados a São Paulo devido ao bom preço do café no mercado internacional. Entram 50.957 e 101.947 novos imigrantes, respectivamente, nesses anos. No mesmo momento surgem nas fazendas de café acirrados conflitos entre colonos e fazendeiros. Em 1912 e 1913, milhares de colonos depuseram juntos as enxadas. A primeira providência dos colonos era pedir a presença do cônsul, que em geral agia favoravelmente aos colonos junto ao governo brasileiro e tinha o poder de inibir a vinda de futuros imigrantes.

Com o fim de bloquear esse mecanismo entra em funcionamento já em 1912 o Patronato Agrícola, que deveria executar as leis estaduais e federais referentes aos direitos dos trabalhadores — e dos empregadores — devendo, inclusive, segundo o Patronato, "levar ao conhecimento das autoridades competentes as queixas dos operários agrícolas relativamente a atentados contra a sua pessoa, família e bens". O Estado passava a atuar no sentido de cobrir as demandas trabalhistas e proteger os fazendeiros, criando mecanismos paternalistas de controle e regulação da força de trabalho. O Estado começava a atribuir-se o papel de solapar conflitos sociais, absorvendo-os e resguardando o interesse dos fazendeiros — função essa reconhecida também, posteriormente, na república varguista.

Interessante lembrar ainda que em 1912 foi proposta, na Câmara dos Deputados de São Paulo, a criação do Patronato do Trabalho, com funções similares ao Patronato Agrícola, mas com relação ao mundo do trabalho urbano. A entidade funcionaria também como ponte de realocamento de trabalhadores de um setor para outro, tanto no sentido de equilibrar as demandas econômicas como no sentido de desaquecer os movimentos sociais, transferindo massas de trabalhadores de um lado para outro.

A partir de 1915, com a Primeira Guerra Mundial, passa a haver um declínio constante da imigração estrangeira, seja por não serem mais enviados os emigrantes, seja pela falta de navios para transportá-los. Na década de 1920 verifica-se um forte movimento migratório: são trabalhadores da capital deslocando-se para o interior. Ao mesmo tempo, observa-se o movimento de brasileiros indo para as fazendas e de estrangeiros ficando na capi-

Brasil: Do Café à Indústria

tal, por estarem mais adaptados ao trabalho na indústria. Consolida-se ainda, na década de 1920, a imigração de japoneses iniciada em 1908. De 1917 a 1930 entraram 80.321 japoneses em São Paulo.

Na década de 1920 é interessante notar também a atuação do Departamento Estadual do Trabalho, existente há vários anos. Em 1925 esse Departamento já era responsável pelo funcionamento da Hospedaria dos Imigrantes: era um agente dos fazendeiros; cabia-lhe estabelecer a conexão entre o trabalho urbano e o trabalho rural. É importante lembrar que o DET vai ser considerado mais tarde uma parte embrionária do futuro Ministério do Trabalho.

Vemos que a história da imigração aponta para aquilo que será a relação Estado-sociedade no século XX: a cada conflito, a cada problema enfrentado pelo mundo rural no tocante ao trabalho e à relação com o Estado, novas opções surgem, desmanchando aos poucos o grande sistema da lavoura. Com cada imigrante que deixava a fazenda para tornar-se pequeno proprietário ou trabalhador urbano, a cada crise do fluxo imigratório, instalavam-se novos componentes sociais, avistava-se uma outra sociedade. Em 1930 já era possível pensar num outro tipo de sociedade diferente da que dependia da introdução constante de novos trabalhadores nas fazendas.

A partir da década de 1920, com as migrações internas, como nota o historiador Luiz Felipe de Alencastro, já se estabelecia a possibilidade de formulação de um mercado interno de trabalho — observava-se a sua territorialização. Era possível trazer nordestinos para São Paulo sem pôr em risco a economia daquela região porque já se definira uma nova estrutura social. Em 1930, com o varguismo, a indústria e a legislação trabalhista, abre-se um momento novo na história brasileira, um momento que não saiu da "bota de Getúlio", como se diz, mas de uma história que já fermentava no século XIX dentro do mundo rural. O padrão de intervenção do Estado na sociedade e na economia não é só um fenômeno do pós-30: é algo que se gesta e que deve ser entendido a partir da história política, econômica e social do século XIX brasileiro.

CONCLUSÕES

A cafeicultura paulista do século XIX foi o motor da economia nacional até pelo menos 1929. No entanto o que procuramos demonstrar é que a cafeicultura paulista traz consigo, a partir da década de 1880, o processo de industrialização brasileiro.

Nesse contexto dá-se também a transição para o trabalho livre no Brasil. O mundo rural, ocupado primeiro pelos escravos africanos e depois pelos imigrantes, viveu toda uma história de conflitos entre fazendeiros e colonos. Diante da necessidade de se reter o trabalhador imigrante nas fazendas, esses conflitos foram dando impulso à criação de toda uma legislação. Essa legislação, para o mundo urbano industrial, seria o ponto de partida para a formulação de uma política e uma legislação adequadas ao Brasil industrial pós-1930. Embora existam rupturas entre o mundo urbano e o rural, procuramos neste livro mostrar os laços de continuidade entre os dois.

Ao mesmo tempo também procuramos mostrar que não é possível considerar a grande massa de imigrantes trazidos para trabalhar nas fazendas de café como propriamente trabalhadores livres. A imigração deu o conteúdo para a implementação do trabalho livre no Brasil, mas não se pode dizer, quando vemos a história social dos imigrantes no Brasil, que a vida que eles levavam fosse uma forma de trabalho livre. Mais que trabalhadores livres, o que os fazendeiros de café queriam — mesmo os do oeste paulista — era um substituto para o escravo africano.

Configurado esse quadro, podemos afirmar que a nação brasileira só vai se formar plenamente na década de 1930, pois, ainda que o Estado nacional já estivesse consolidado desde o século XIX, a nação não conseguia se configurar, na medida em que continuava havendo importação de trabalhadores. A nação não pode se consolidar se não há um mercado de trabalho formado: continuávamos a ser uma nação exportadora de produtos tropicais onde o trabalhador, o homem comum, era somente uma ferramenta de trabalho nas fazendas. Com a industrialização e a consolidação de um mercado de trabalho nacional rompia-se com a última herança colonial brasileira e encerrava-se o mito de que o Brasil era um país de vocação exclusivamente agrária.

No entanto, visto que a nação se constituiu tardiamente e sempre de forma vertical, ou seja, como obra de uma elite gerenciadora do Estado, restou o problema que continuamos vivenciando: o da conquista da cidadania, até hoje não consolidada na sociedade brasileira.

INDICAÇÕES PARA LEITURA

A respeito do desenvolvimento da cafeicultura: Vera Stolcke, *Cafeicultura*, São Paulo, Brasiliense; também o texto clássico de Sérgio Milliet sobre o processo de desenvolvimento da cafeicultura no Estado de São Paulo, que mesmo sendo bastante antigo ainda tem muita importância: Sérgio Milliet, *Roteiro do café — análise demográfica e histórica*, São Paulo, 1938; ainda José R. Amaral Lapa, *A economia cafeeira*, Coleção Tudo É História nº 72, São Paulo, Brasiliense, 1983.

Sobre o tema da transição do trabalho livre no Brasil, podemos considerar seis subtemas:

1. **Legislação:** Ademir Gebara, *O mercado de trabalho livre no Brasil*, São Paulo, Brasiliense, 1986; também Maria Lúcia Lamounier, *Da escravidão ao trabalho livre*, Campinas, Papirus, 1988. Este último refere-se mais à Lei de Locação de Serviços de 1879, enquanto o primeiro acompanha o processo desde a Lei do Ventre Livre até a Abolição. As questões do tráfico interprovincial de escravos e dos debates na Câmara dos Deputados em torno do assunto foram muito bem estudadas por: Evaldo Cabral de Mello, *O norte agrário e o Império*, Rio de Janeiro, Nova Fronteira, 1984.

2. Sobre o problema da **inserção social do imigrante** no Brasil o melhor estudo encontra-se em Thomas Holloway, *Imigrantes para o café*, Rio de

Brasil: Do Café à Indústria

Janeiro, 1984. Vale a pena também ler o romance de Oswald de Andrade intitulado *Marco zero*: o autor chegou a fazer uma volumosa pesquisa sobre os imigrantes recém-chegados ao Brasil; no livro ele ressalta sempre a questão da formação da nação em um país de tradição escravista e imigrantista.

3. A **imigração italiana** para o Brasil foi melhor estudada por Angelo Trento, *Do outro lado do Atlântico*, São Paulo, Nobel, 1989.

4. Estudos sobre a **especificidade regional da transição para o trabalho livre** no Brasil, para a região da Zona da Mata mineira: Ana L. D. Lanna, *A transformação do trabalho*, Campinas, Unicamp, 1988; para o Rio Grande do Sul e Santa Catarina: o estudo clássico de Fernando Henrique Cardoso, "Santa Catarina e Rio Grande do Sul", Coleção História Geral da Civilização Brasileira, Tomo II, vol. 2, São Paulo, Difel, 1985. Sobre a imigração portuguesa para o Rio de Janeiro, ver Luiz Felipe de Alencastro, "Escravos e proletários", Revista Novos Estudos Cebrap, 21:30-56, São Paulo, julho 1988. Este artigo retrata também aspectos importantes da história social dos imigrantes e aponta elementos fundamentais para a compreensão da imigração como um todo.

5. **Depoimentos de homens que viveram o processo de imigração** do Brasil: Thomas Davatz, *Memórias de um colono do Brasil*, Belo Horizonte, Itatiaia; São Paulo, Edusp, 1980. Esse ensaio reproduz as memórias de um colono que viveu nas colônias de parceria criadas por Vergueiro. O prefácio foi escrito por Sergio Buarque de Holanda, sendo um excelente texto sobre o tema. Além desse livro há ainda os relatos de viagem de J. J. Tschudi, *Viagem às províncias do Rio de Janeiro e São Paulo*, Belo Horizonte, Itatiaia; São Paulo, Edusp, 1980. Tschudi era suíço e veio para o Brasil em missão oficial em 1860 para estudar os problemas da imigração suíça.

Sobre a questão das **migrações internas e sua relação com a formação do mercado de trabalho nacional:** Luiz Felipe de Alencastro, "A pré-revolução de 30", Revista Novos Estudos Cebrap, 18:17-21, São Paulo, setembro de 1987.

O processo de instalação e desenvolvimento das ferrovias durante a cafeicultura pode ser visto em: Flavio Azevedo Marques de Saes, *As ferrovias de São Paulo (1870/1940)*, São Paulo, Hucitec, 1981.

A industrialização do Brasil é um tema sobre o qual já existem muitos trabalhos; citaremos aqui os que nos pareceram mais adequados para a redação deste livro.

De um ponto de vista mais econômico e mais geral, analisando o processo de industrialização do Brasil a partir da cafeicultura e da estrutura por ela criada, temos os estudos de João Manuel Cardoso de Mello, *O capitalismo tardio*, São Paulo, Brasiliense, 1982; Sérgio Silva, *Expansão cafeeira e origens da indústria no Brasil*, São Paulo, Alfa-Omega, 1976; e Wilson Cano, *As raízes da concentração industrial em São Paulo*, São Paulo, Hucitec, 1977.

Uma análise mais histórica do surgimento da indústria no Brasil encontra-se em Nícea Vilela Luz, *A luta pela industrialização do Brasil*, São Paulo, Difel, 1961; e Warrem Dean, *A industrialização de São Paulo*, São Paulo, Difel/Edusp, 1971.

Sobre o autor

Roberto Catelli Júnior nasceu em São Paulo em 1966. Graduou-se em história pela PUC-SP em 1987. Em 1988 iniciou seus estudos de pós-graduação pela Universidade de São Paulo com o tema "O projeto da autonomia local no Brasil imperial: a experiência de Sorocaba (1823-1842)". Atualmente é membro do grupo de formação de quadros do Cebrap.

Coleção Primeiros Passos
Uma Enciclopédia Crítica

ABORTO
AÇÃO CULTURAL
ACUPUNTURA
ADMINISTRAÇÃO
ADOLESCÊNCIA
AGRICULTURA SUSTENTÁVEL
AIDS
AIDS - 2ª VISÃO
ALCOOLISMO
ALIENAÇÃO
ALQUIMIA
ANARQUISMO
ANGÚSTIA
APARIÇÃO
ARQUITETURA
ARTE
ASSENTAMENTOS RURAIS
ASSESSORIA DE IMPRENSA
ASTROLOGIA
ASTRONOMIA
ATOR
AUTONOMIA OPERÁRIA
AVENTURA
BARALHO
BELEZA
BENZEÇÃO
BIBLIOTECA
BIOÉTICA
BOLSA DE VALORES
BRINQUEDO
BUDISMO
BUROCRACIA
CAPITAL
CAPITAL INTERNACIONAL
CAPITALISMO

CETICISMO
CIDADANIA
CIDADE
CIÊNCIAS COGNITIVAS
CINEMA
COMPUTADOR
COMUNICAÇÃO
COMUNICAÇÃO EMPRESARIAL
COMUNICAÇÃO RURAL
COMUNIDADE ECLESIAL
    DE BASE
COMUNIDADES ALTERNATIVAS
CONSTITUINTE
CONTO
CONTRACEPÇÃO
CONTRACULTURA
COOPERATIVISMO
CORPO
CORPOLATRIA
CRIANÇA
CRIME
CULTURA
CULTURA POPULAR
DARWINISMO
DEFESA DO CONSUMIDOR
DEMOCRACIA
DEPRESSÃO
DEPUTADO
DESENHO ANIMADO
DESIGN
DESOBEDIÊNCIA CIVIL
DIALÉTICA
DIPLOMACIA
DIREITO
DIREITO AUTORAL

Coleção Primeiros Passos
Uma Enciclopédia Crítica

DIREITOS DA PESSOA
DIREITOS HUMANOS
DOCUMENTAÇÃO
ECOLOGIA
EDITORA
EDUCAÇÃO
EDUCAÇÃO AMBIENTAL
EDUCAÇÃO FÍSICA
EMPREGOS E SALÁRIOS
EMPRESA
ENERGIA NUCLEAR
ENFERMAGEM
ENGENHARIA FLORESTAL
ESCOLHA PROFISSIONAL
ESCRITA FEMININA
ESPERANTO
ESPIRITISMO
ESPIRITISMO 2ª VISÃO
ESPORTE
ESTATÍSTICA
ESTRUTURA SINDICAL
ÉTICA
ETNOCENTRISMO
EXISTENCIALISMO
FAMÍLIA
FANZINE
FEMINISMO
FICÇÃO
FICÇÃO CIENTÍFICA
FILATELIA
FILOSOFIA
FILOSOFIA DA MENTE
FILOSOFIA MEDIEVAL
FÍSICA
FMI
FOLCLORE
FOME
FOTOGRAFIA
FUNCIONÁRIO PÚBLICO
FUTEBOL
GEOGRAFIA
GEOPOLÍTICA
GESTO MUSICAL
GOLPE DE ESTADO
GRAFFITI
GRAFOLOGIA
GREVE
GUERRA
HABEAS CORPUS
HERÓI
HIEROGLIFOS
HIPNOTISMO
HIST. EM QUADRINHOS
HISTÓRIA
HISTÓRIA DA CIÊNCIA
HISTÓRIA DAS MENTALIDADES
HOMEOPATIA
HOMOSSEXUALIDADE
I DEOLOGIA
IGREJA
IMAGINÁRIO
IMORALIDADE
IMPERIALISMO
INDÚSTRIA CULTURAL
INFLAÇÃO
INFORMÁTICA
INFORMÁTICA 2ª VISÃO
INTELECTUAIS
INTELIGÊNCIA ARTIFICIAL
IOGA

Coleção Primeiros Passos
Uma Enciclopédia Crítica

ISLAMISMO
JAZZ
JORNALISMO
JORNALISMO SINDICAL
JUDAÍSMO
JUSTIÇA
LAZER
LEGALIZAÇÃO DAS DROGAS
LEITURA
LESBIANISMO
LIBERDADE
LÍNGUA
LINGÜÍSTICA
LITERATURA INFANTIL
LITERATURA POPULAR
LIVRO-REPORTAGEM
LIXO
LOUCURA
MAGIA
MAIS-VALIA
MARKETING
MARKETING POLÍTICO
MARXISMO
MATERIALISMO DIALÉTICO
MEDICINA ALTERNATIVA
MEDICINA POPULAR
MEDICINA PREVENTIVA
MEIO AMBIENTE
MENOR
MÉTODO PAULO FREIRE
MITO
MORAL
MORTE
MULTINACIONAIS
MUSEU

MÚSICA
MÚSICA BRASILEIRA
MÚSICA SERTANEJA
NATUREZA
NAZISMO
NEGRITUDE
NEUROSE
NORDESTE BRASILEIRO
OCEANOGRAFIA
ONG
OPINIÃO PÚBLICA
ORIENTAÇÃO SEXUAL
PANTANAL
PARLAMENTARISMO
PARLAMENTARISMO MONÁRQUICO
PARTICIPAÇÃO
PARTICIPAÇÃO POLÍTICA
PEDAGOGIA
PENA DE MORTE
PÊNIS
PERIFERIA URBANA
PESSOAS DEFICIENTES
PODER
PODER LEGISLATIVO
PODER LOCAL
POLÍTICA
POLÍTICA CULTURAL
POLÍTICA EDUCACIONAL
POLÍTICA NUCLEAR
POLÍTICA SOCIAL
POLUIÇÃO QUÍMICA
PORNOGRAFIA
PÓS-MODERNO
POSITIVISMO
PREVENÇÃO DE DROGAS